AF369960

TABLEAUX

MODERNES

Vente le Jeudi 12 Décembre 1861

LE PRÉSENT CATALOGUE SE DISTRIBUE

A PARIS............. Chez Me BOUSSATON, Commissaire-Priseur.

— .... — M. A. COUTEAUX, Expert.

A LONDRES. .... — M. E. GAMBART et Cie.

A BRUXELLES .... — M. HOLLENDER.

A ROTTERDAM...... — M. LAMME.

A LA HAYE......... — M. ENTHOVEN.

A AMSTERDAM...... — M. DEVRIÈS J^{or}.

A BERLIN........... — M. LEPKÉ.

PARIS. — IMPRIMERIE DE J. CLAYE

RUE SAINT-BENOIT, 7

CATALOGUE

D'UNE

COLLECTION REMARQUABLE

DE

TABLEAUX

MODERNES

DONT LA VENTE PUBLIQUE AURA LIEU

HOTEL DROUOT, GRANDE SALLE N° 7

AU PREMIER ÉTAGE

Le Jeudi 12 Décembre 1861, à trois heures précises

———

PAR LE MINISTÈRE DE **Me BOUSSATON**, COMMISSAIRE-PRISEUR

RUE LE PELETIER, 7

ASSISTÉ DE **M. A. COUTEAUX**, EXPERT, RUE DE LAVAL, 9

———

EXPOSITION PARTICULIÈRE

Le Mardi 10 Décembre, de une heure à cinq

EXPOSITION PUBLIQUE

LE MERCREDI 11, DE UNE HEURE A CINQ

———

1861

CONDITIONS DE LA VENTE

La vente sera faite au comptant.

Les adjudicataires payeront, en sus des enchères, cinq pour cent applicables aux frais.

DÉSIGNATION

ARY SCHEFFER

1. — Naufragés.

Esquisse. — Haut., 0,45 cent.; larg., 0,55 cent.

ANDRIEUX

2. — Femme et enfant.

H., 0,32 c.; l., 0,24.

BEAUME

3. — Chasse au renard.

H., 0,24 c.; l., 0,32.

BELLY (LÉON)

4. — Avenue de Choubrah; environs du Caire.

Salon de 1861.

H., 0,70 c.; l., 1,00.

BONINGTON

5. — Paysage.

H., 0,15 c.; l., 0,20.

CASEY

6. — Un abreuvoir au bord du Thermodon.

Salon de 1861.

H., 0,58 c.; l., 0,72.

CASTAN (EDMOND)

7. — L'Éducation du perroquet.

H., 0,24 c.; l., 0,19.

CHARLET (*signé*)

8. — La danse du pantin.

Aquarelle.

DAUBIGNY

9. — La Seine, à Herblay.

H., 0,28 c.; l., 0,60.

DECAMPS

10. — Vieille femme portant un fagot; forêt de Fontainebleau.

H., 0,57 c.; l., 0,45.

DECAMPS

11. — Site des Pyrénées.

H., 0,00 c.; l., 0,00.

DE DREUX

12. — Jocko et little Tomey.

H., 0,75 c.; l., 0,60.

DELACROIX (EUG.)

13. — Hamlet et Ophelia.

H., 0,32 c.; l., 0,24.

*

DE WINTER

14. — Plage à marée basse; effet de lune.

H., 0,93 c.; L., 1,17.

DIAZ

15. — La mare aux vipères; forêt de Fontainebleau.

H., 0,18 c.; L., 0,25.

DIAZ

16. — L'Attente.

H., 0,24 c.; L., 0,18.

DUPRÉ (JULES)

17. — Berger.

H., 0,18 c ; L., 0,24.

DUVIEUX

18. — Quatre vues de Venise.

H., 0,00 c.; L., 0,00.

DUPUY DELAROCHE

19. — Repos de la sainte Famille.

H., 0,00 c.; l., 0,00.

DUPUY DELAROCHE

20. — Léda.

H. 0,21 c.; l., 0,17.

FORTIN

21. — Intérieur breton.

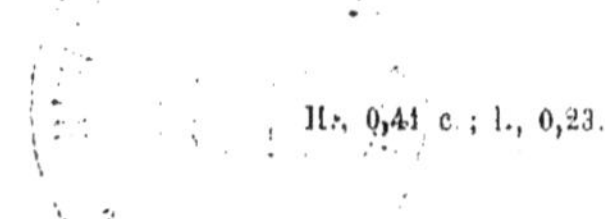

H., 0,41 c.; l., 0,23.

FROMENTIN (EUG.)

22. — Audience chez un Kalifat.

H., 0,60 c.; l., 0,90.

GAVARNI

23. — Cinq dessins à la plume, édités dans le diable à Paris.

H., 0,00 c.; l., 0,00.

GÉRICAULT

24. — Cheval à l'écurie; étude.

H., 0,33 c.; l., 0,41.

GÉRICAULT

25. — Le triomphe de Galathée.

Aquarelle.

GÉRICAULT (*attribué à*)

26. — Chevaux à l'écurie.

H., 0,38 c.; l., 0,45.

GUILLEMIN

27. — Pêcheur à la ligne.

H., 0,16 c.; l., 0,20.

JUSTIN OUVRIÉ

28. — Vue de Londres.

H., 0,61 c.; l., 0,51.

JUSTIN OUVRIÉ

29. — Vue de Boppart, sur le Rhin.

H., 0,25 c.; l., 0,40.

JACQUE (CH.)

30. — Un coin de ferme.

H., 0,40 c.; l., 0,50.

JACQUE (CH.)

31. — Rentrée de moutons.

H., 0,25 c.; l., 0,34.

JACQUE (CH.)

32. — Basse-cour.

H., 0,45 c.; l., 0,38.

JACQUE (CH.)

33. — Basse-cour.

H., 0,00 c.; l., 0,00.

JACQUE (CH.)

34. — Coq et Poules.

H., 0,08 c.; l., 0,11.

JEANRON

35. — Pêche à la lanterne.

H., 0,45 c.; l., 0,37.

LEYS (HENRY)

36. — Invités se rendant à un gala.

H. 0,50 c.; l., 2,05.

MERLE

37. — La sieste.

H., 0,77 c.; l., 0,98.

ROUSSEAU (TH.)

38. — L'Orage.

H., 0,30 c.; l., 0,50.

ROUSSEAU (TH.)

39. — Paysage.

H., 0,36 c.; l., 0,53.

STEVENS (J.)

40. — Chien basset à l'attache.

H., 0,67 c.; l., 0,55.

STEVENS (J.)

41. — L'Abreuvoir.

H., 0,27 c.; l., 0,36.

TONY JOHANNOT

42. — Chasse au faucon dans les Pyrénées.

H., 0,60 c.; l., 0,90.

VERLAT

43. — Chevreuils tirés à l'affût.

H., 0,58 c.; l., 0,73.

WILLEMS

44. — La Toilette.

H., 0,14 c.; l., 0,10.

WILLEMS

45. — Distraction.

H., 0,26 c.; l., 0,22.

ZIEM

46. — Canal de Chiogga, Venise; effet du soir.

H., 0,43 c.; l., 0,85.

PARIS. — IMPRIMERIE DE J. CLAYE, RUE SAINT-BENOIT, 7.